Stefanie Schäfer

Kaufmann/Kauffrau für Spedition und Logistikdienstleistung

Zoll und Außenhandel

Modulheft Abschlussprüfung

Übungsaufgaben und erläuterte Lösungen

Bestell-Nr. 40231

u-form Verlag · Hermann Ullrich GmbH & Co. KG

Deine Meinung ist uns wichtig!

Du hast Fragen, Anregungen oder Kritik zu diesem Produkt?

Das u-form Team steht dir gerne Rede und Antwort.

Einfach eine kurze E-Mail an

feedback@u-form.de

Zusatzinfos für diese Auflage des Modulheftes findest du übrigens unter folgendem Link:

www.u-form.de/addons/40231-2025.zip

BITTE BEACHTEN:

Die **Lösungen** findest du im hinteren Teil dieses Modulheftes.

2. Auflage 2025 · ISBN 978-3-95532-410-0

© u-form Verlag | Hermann Ullrich GmbH & Co. KG
Cronenberger Straße 58 | 42651 Solingen
Telefon: 0212 22207-0 | Telefax: 0212 22207-63
Internet: www.u-form.de | E-Mail: uform@u-form.de

Das Handelsgesetzbuch, kurz HGB, legt dem Spediteur in Paragraph 454 neben der reinen Besorgung einer Versendung auch die Pflicht auf, sich um die Zollbehandlung zu kümmern.

Das Thema „Zoll und Außenhandel“ nimmt einerseits in der Praxis einen hohen Stellenwert ein, da es trotz zunehmender Globalisierung weiterhin zu Handelsbeschränkungen kommt (man denke nur an den Brexit). Andererseits spielt das Thema auch in den schriftlichen und mündlichen Abschlussprüfungen eine entscheidende Rolle, da Kenntnisse im Bereich Zoll und Außenhandel in vielen Aufgabenteilen gefordert werden.

Auch wenn das Thema den meisten Prüflingen Ängste und Sorgen bereitet, soll mithilfe dieses Modulhefts eine Unterstützung geschaffen werden, sich dieser Herausforderung mutig zu stellen. Alle Aufgaben drehen sich einzig allein um die Themen Außenhandel und Zoll, sodass Sie sich konkret darauf konzentrieren können.

Carnet-TIR, Carnet-ATA, T1, T2, Zollwert, Einfuhrumsatzsteuer – lösen Sie prüfungsnahe Aufgaben zu diesen und mehr Inhalten und kontrollieren Sie Ihre Ergebnisse.

Und wer weiß: Vielleicht entdecken Sie ja die Zoll-Leidenschaft in sich und finden Gefallen daran.

Ganz gleich, ob Sie das Thema mögen oder nicht, wir wünschen viel Erfolg beim Bearbeiten der Aufgaben und für Ihre anstehende Abschlussprüfung.

Aber noch viel wichtiger: Haben Sie viel Spaß, bei Ihrem zukünftigen Beruf Güter zu bewegen und die Welt miteinander zu vernetzen.

Aachen, 2025
Stefanie Schäfer

Hinweis

Achtung!

Sollte es für diese Auflage Aktualisierungen oder Änderungen geben, kannst du diese herunterladen unter:

www.u-form.de/addons/40231-2025.zip

Hier haben wir auch Infos zur Abschlussprüfung für dich zusammengestellt.

Inhaltsverzeichnis

Bereich **Seite**

Aufgaben

Lösungen

Notizen

Aufgaben

1. Aufgabe – Zollverfahren I

Im Unionszollkodex (UZK) werden verschiedene Zollverfahren unterschieden. Erläutern Sie, welche Zollverfahren in den folgenden Fällen beschrieben werden.

a) Durch dieses Zollverfahren wird aus einer Nicht-Unionsware Unionsware, wenn für die importierte Ware Zoll und Steuern gezahlt werden. Erst durch dieses Verfahren kann die Ware am freien Warenverkehr teilnehmen.

b) Nicht-Unionsware wird in die EU eingeführt, dort verarbeitet/bearbeitet (d.h. auf eine qualitativ höhere Stufe gebracht) und anschließend wieder ausgeführt. Wenn die Ware wieder ausgeführt wird, fallen hierfür keine Zölle an.

c) Nicht-Unionsware wird nicht bereits an der Grenze zur EU, sondern erst im Inland verzollt. Dieses Verfahren dient dazu, die Ware unter zollamtlicher Überwachung durch die EU zu befördern. Somit ist es möglich, die Verzollung an den Bestimmungsort zu verlegen und Aufwand, Zeit und Kosten zu sparen.

d) Unionsware wird in ein Drittland ausgeführt, dort verarbeitet/bearbeitet (d.h. auf eine qualitativ höhere Stufe gebracht) und wieder in die EU importiert. Zölle fallen beim Import in die EU an, jedoch wird hierbei nur der Mehrwert betrachtet, den die Ware durch die Veredlung im Drittland erfahren hat (Mehrwertmethode).

e) Unverzollte Nicht-Unionsware kann hier unbegrenzt lange gelagert werden, z. B. aus folgenden Gründen: Aufschub von Zollabgaben, Unstimmigkeiten, Fehlen von Dokumenten, spätere Auslieferung, Windhundverfahren (für bestimmte Waren gibt es Zollvergünstigungen; allerdings nur in einer begrenzten Menge).

f) Unionsware wird nach Prüfung durch die Zollbehörde in ein Drittland befördert.

2. Aufgabe – Transport in die Schweiz

Bei einem Transport vom 32 Europaletten von Aachen nach Bern (Schweiz) soll sich Ihre Spedition auch um die Zollabwicklung kümmern. Beantworten Sie dazu die folgenden Fragen.

aa) Welches Zollverfahren müssen Sie anmelden, um den Transport von Aachen nach Bern zu organisieren?

ab) Abhängig vom Warenwert sind bei diesem anzuwendenden Zollverfahren verschiedene Arten zu unterscheiden. Geben Sie die Wertgrenzen an und beschreiben Sie den Ablauf der jeweiligen Arten.

ac) Geben Sie an, mit welchem Dokument (PDF) das anzuwendende Zollverfahren endet und erklären Sie, welche Bedeutung es für den Exporteur hat.

b) Der Kunde teilt Ihnen mit, dass die Verzollung (Einfuhrabfertigung) erst beim Empfänger in Bern erfolgen soll. Geben Sie an, welches Zollverfahren nun zusätzlich anzuwenden ist und beschreiben Sie den Ablauf stichpunktartig.

3. Aufgabe – Zollversandverfahren I

Der Unionszollkodex unterscheidet verschiedene Zollversandverfahren. Beantworten Sie dazu die folgenden Fragen.

a) Welche Zollversandverfahren werden unterschieden und wann kommen sie jeweils zur Anwendung?

b) Bestimmen Sie für jeden der folgenden Fälle, welches Zollversandverfahren angewendet werden muss.

ba) Ein Container voll mit Kleidung wird von Hongkong aus mit dem Schiff zum Hafen Hamburg gebracht. Die Ware soll nicht in Hamburg, sondern erst in Aachen verzollt werden.

bb) Gleicher Fall wie bei ba). Die Verzollung soll aber erst in Salzburg erfolgen.

bc) Ein Verkäufer in Aachen verkauft Ware an einen Käufer in Luzern. Die Ware soll nicht an der Grenze Basel, sondern erst in Luzern verzollt werden.

bd) Transport einer Sendung von Aachen nach Moskau. Die Güter sollen auf einer Messe in Moskau ausgestellt und anschließend wieder an den Exporteur zurück befördert werden.

be) Ein Verkäufer aus Oslo verkauft Ware an einen Käufer in Aachen. Der Transport erfolgt per Lkw, die Ware soll erst in Aachen verzollt werden.

bf) Die Ware eines Verkäufers in Aachen soll an einen Käufer in Italien transportiert werden. Der Transport erfolgt per Lkw von Deutschland über die Schweiz nach Italien.

bg) Transport einer Sendung von Aachen nach Belgrad. Die Güter sollen in Belgrad verzollt werden.

4. Aufgabe – Unionsware und Nicht-Unionsware

Im Zollwesen wird zwischen Unionsware und Nicht-Unionsware unterschieden.

a) Beschreiben Sie, was sich hinter den Begriffen verbirgt.

b) Erklären Sie, wie Nicht-Unionsware zu Unionsware werden kann (Einfuhrverfahren bzw. Überlassung zum zollrechtlich freien Verkehr).

c) Gehen Sie darauf ein, welche Abgaben bei der Einfuhr von Waren in die EU anfallen und beschreiben Sie, auf welchen Grundlagen diese Abgaben berechnet werden.

5. Aufgabe – Zollversandverfahren II

Spediteure, die internationale Transporte organisieren, müssen umfangreiches Wissen im Bereich des Zollwesens haben. Beantworten Sie in diesem Zusammenhang folgende Fragen.

a) Sie bekommen den Auftrag, Zollgut vom Rotterdamer Hafen nach Aachen zu transportieren. Die Verzollung (zum zollrechtlich freien Verkehr) soll erst in Aachen stattfinden. Welches Zollverfahren wählen Sie? Beschreiben Sie den Ablauf.

b) Sie bekommen den Auftrag, Ware für eine Messe in Russland von Aachen nach Moskau zu transportieren. Die Ware soll nach einem Monat unverändert wieder zurück nach Aachen gebracht werden. Welches Zollverfahren ermöglicht Ihnen die Durchführung? Beschreiben Sie den Ablauf.

6. Aufgabe – Transport von Serbien nach Deutschland

Ihr Kunde, die Firma Ehrlichs GmbH in Aachen, hat eine Produktionsmaschine bei einem Verkäufer in Serbien gekauft. Sie wurden mit der Organisation des Transports per Lkw sowie der Einfuhrabfertigung beauftragt. Als Incoterm wurde EXW Belgrad vereinbart.

a) Beschreiben Sie alle Aufgaben, die Sie im Rahmen der Organisation dieses Transports übernehmen bzw. übernehmen können.

b) Der Kunde möchte wissen, wie lange der Transport in etwa dauert. Geben Sie ihm eine Zeitauskunft.

c) Klären Sie den Kunden über abgeschlossene Verkehrsverträge sowie die hier geltende Haftungssituation auf.

d) Erläutern Sie Ihrem Kunden die zolltechnische Abwicklung dieser Sendung. Gehen Sie auch auf die Zollverfahren und die Ermittlung der Einfuhrabgaben ein. Erklären Sie dabei die Bedeutung des Incoterms.

7. Aufgabe – Transport von Deutschland nach Italien (Transit Schweiz)

Sie sind als Disponent/-in einer Spedition in Aachen für die Lkw-Transporte in Europa eingesetzt. Heute erhalten Sie folgenden Auftrag eines Kunden Ihrer Spedition:

Versender: Sitz in Aachen
Empfänger: Sitz in Mailand

33 Europaletten / Gesamtgewicht: 14.850 kg

Die Sendung soll im Selbsteintritt befördert werden.

a) Der Transport soll über die Schweiz erfolgen. Welche Grenzübergänge werden beim Transport über die Schweiz nach Mailand passiert? Nennen Sie sowohl den Grenzübergang DE/CH als auch CH/I.

b) Um den Transit durch die Schweiz zu vereinfachen, soll ein Zollversandverfahren eröffnet werden. Begründen Sie, welches Zollversandverfahren für diesen Transport beantragt werden muss.

c) Welche Dokumente sind bei diesem Transport mitzuführen? Nennen Sie 6 Beispiele.

d) Für die Rückladung sollen ab Mailand 4 Kisten (je 2,8 m x 1,1 m x 0,8 m – 800 kg) mit Medizintechnik aus Osaka, Japan (per Luftfracht nach Italien/Mailand verbracht) nach Aachen befördert werden.

   Von der Zollbehörde erfahren Sie, dass 70 % des Lufttransports (Frachtkosten: 1.800 Euro) außerhalb der EU stattgefunden haben. Der Rechnungsbetrag des Herstellers aus Japan beläuft sich auf FCA Osaka (Incoterms 2020) 195.000 €. Der Zollsatz für die Ware beträgt 4,5 %. Ermitteln Sie die fälligen Einfuhrabgaben die bei der zollrechtlichen Überführung in Aachen. Der EUSt-Satz liegt bei 19 %.

e) Berechnen Sie, wie sich die Einfuhrabgaben verändert hätte, wäre als Incoterm DAP Airport Mailand vereinbart worden

f) Neben der Importsendung für Aachen sollen Sie in Mailand eine weitere Sendung für Lucino (Italien) im Rahmen des Rücktransportes mitführen. Nennen Sie den Fachbegriff, der sich hinter einem solchen Transport verbirgt und begründen Sie die notwendige Genehmigung.

8. Aufgabe – Transport von Aachen nach Tunis

Ein Kunde beauftragt Ihre Spedition (Sitz in Aachen) einen Transport (33 FP, Lebensmittel in Dosen) mit dem Lkw von Aachen nach Tunis zu organisieren.

Beantworten Sie folgende Fragen:

a) In welchem Land liegt Tunis?

b) Wie kommt man mit dem Lkw von Aachen nach Tunis?

c) Beschreiben Sie die zolltechnische Abwicklung des Transports. Der Warenwert der kompletten Sendung beträgt 15.850 Euro.

d) Als Rückladung haben Sie die Sendung eines Kunden aus Tunis geplant. Diese soll von Tunis nach Köln transportiert werden. Der Kunde fragt sie nach der zolltechnischen Abwicklung. Erklären Sie ihm den Ablauf.

9. Aufgabe – Sammelgutverkehr aus Istanbul

Sie arbeiten bei einer Spedition in Aachen in der Abteilung „Lkw-Sammelgutverkehr Import". Ihr neuer Kollege fragt, wie folgende Sendung abzufertigen ist:

5 nicht stapelbare Euroflachpaletten Handelswaren, jeweils 375 kg

Versender: Akarsu, Istanbul
Empfänger: Lohse GmbH, Aachen
Zustellung neutral an „Firma Landmann, Aachen"

Beantworten Sie Ihrem neuen Kollegen folgende Fragen:

a) Welche weiteren Informationen benötigen Sie, um den Transport zu organisieren?

b) Beschreiben Sie den Ablauf des Sammelgutverkehrs von Istanbul nach Aachen. Gehen Sie auch auf die eventuelle Transport-Route ein.

c) Die Überlassung in den zollrechtlich freien Verkehr soll laut Kundenwunsch erst in Aachen erfolgen. Welches Zollverfahren müssen Sie anmelden? Beschreiben Sie den Ablauf.

d) Der Kunde informiert Sie, dass er ein A.TR vorlegen kann. Geben Sie an, um welche Art von Dokument es sich hierbei handelt und welche Vorteile es für den deutschen Importeur bringt.

e) Was ist unter der neutralen Zustellung zu verstehen?

10. Aufgabe – Zollabwicklung in der Luftfracht

Sie sind Mitarbeiter/-in der Spedition Müllertrans GmbH in Frankfurt am Main und dort in der Lkw-Disposition eingesetzt. Zu Ihren Aufgaben zählen die Organisation von Vor- und Nachläufen zum/vom Flughafen Frankfurt am Main sowie die Zollabwicklung.

a) Beschreiben Sie sowohl für den Export als auch für den Import einer Sendung alle notwendigen Schritte der Zollabwicklung.

b) Einer Ihrer Kunden (Sitz in Würzburg) wünscht Beratung bezüglich der Einfuhrabgaben. Berechnen Sie die zu zahlenden Einfuhrabgaben für folgendes Beispiel:

   Abgangsflughafen: Tokio
   Empfangsflughafen: Frankfurt am Main
   Luftfrachtkosten: 950 Euro
   Anteil der Luftfracht innerhalb der EU: 35 %
   Zollsatz: 2,7 %
   EUSt-Satz: 19 %
   Warenwert: 3.800 Euro (Incoterm 2020: CPT Frankfurt am Main (Airport))

11. Aufgabe – Zollwert-Berechnung in der Seefracht

Berechnen Sie bei den folgenden Aufgaben den Zollwert.

aa) Ein Unternehmen in den USA (Pittsburgh) und ein Unternehmen in Deutschland (Aachen) haben einen Kaufvertrag geschlossen. Die Ware wurde laut Kaufvertrag EXW Pittsburgh, USA (Werk des Verkäufers), Incoterms 2020 für 15.000 Euro (= Rechnungswert) verkauft. Die Ware wird von Pittsburgh über den Abgangshafen New York mit dem Seeschiff zum Bestimmungshafen Antwerpen transportiert. Von dort aus wird die Ware per Lkw zum Empfänger in Aachen befördert.

Vorlauf zum Abgangshafen New York: 525 Euro
Seefracht New York – Belgien (Antwerpen): 1.750 Euro
Transportversicherung: 8,5 Promille vom 110%igen Rechnungswert
Nachlauf: Antwerpen zum Lager des Kunden nach Aachen: 350 Euro

ab) Ein Unternehmen in den USA (Pittsburgh) und ein Unternehmen in Deutschland (Aachen) haben einen Kaufvertrag geschlossen. Die Ware wurde laut Kaufvertrag FOB New York, USA, Incoterms 2020 für 15.000 Euro (= Rechnungswert) verkauft. Die Ware wird von Pittsburgh über den Abgangshafen New York mit dem Seeschiff zum Bestimmungshafen Antwerpen transportiert. Von dort aus wird die Ware per Lkw zum Empfänger in Aachen befördert.

Vorlauf zum Abgangshafen New York: 525 Euro
Seefracht New York – Belgien (Antwerpen): 1.750 Euro
Transportversicherung: 8,5 Promille vom 110%igen Rechnungswert
Nachlauf: Antwerpen zum Lager des Kunden nach Aachen: 350 Euro

ac) Ein Unternehmen in den USA (Pittsburgh) und ein Unternehmen in Deutschland (Aachen) haben einen Kaufvertrag geschlossen. Die Ware wurde laut Kaufvertrag CFR Antwerpen, Incoterms 2020 für 15.000 Euro (= Rechnungswert) verkauft. Die Ware wird von Pittsburgh über den Abgangshafen New York mit dem Seeschiff zum Bestimmungshafen Antwerpen transportiert. Von dort aus wird die Ware per Lkw zum Empfänger in Aachen befördert.

Vorlauf zum Abgangshafen New York: 525 Euro
Seefracht New York – Belgien (Antwerpen): 1.750 Euro
Transportversicherung: 8,5 Promille vom 110%igen Rechnungswert
Nachlauf: Antwerpen zum Lager des Kunden nach Aachen: 350 Euro

ad) Ein Unternehmen in den USA (Pittsburgh) und ein Unternehmen in Deutschland (Aachen) haben einen Kaufvertrag geschlossen. Die Ware wurde laut Kaufvertrag CIF Antwerpen, Incoterms 2020 für 15.000 Euro (= Rechnungswert) verkauft. Die Ware wird von Pittsburgh über den Abgangshafen New York mit dem Seeschiff zum Bestimmungshafen Antwerpen transportiert. Von dort aus wird die Ware per Lkw zum Empfänger in Aachen befördert.

Vorlauf zum Abgangshafen New York: 525 Euro
Seefracht New York – Belgien (Antwerpen): 1.750 Euro
Transportversicherung: 8,5 Promille vom 110%igen Rechnungswert
Nachlauf: Antwerpen zum Lager des Kunden nach Aachen: 350 Euro

ae) Ein Unternehmen in den USA (Pittsburgh) und ein Unternehmen in Deutschland (Aachen) haben einen Kaufvertrag geschlossen. Die Ware wurde laut Kaufvertrag DAP Aachen, Incoterms 2020 für 15.000 Euro (= Rechnungswert) verkauft. Die Ware wird von Pittsburgh über den Abgangshafen New York mit dem Seeschiff zum Bestimmungshafen Antwerpen transportiert. Von dort aus wird die Ware per Lkw zum Empfänger in Aachen befördert.

Vorlauf zum Abgangshafen New York: 525 Euro
Seefracht New York – Belgien (Antwerpen): 1.750 Euro
Transportversicherung: 8,5 Promille vom 110%igen Rechnungswert
Nachlauf: Antwerpen zum Lager des Kunden nach Aachen: 350 Euro

b) Betrachten Sie noch einmal Aufgabe ae) und nehmen an, der Zollsatz beträgt 2,8 %. Wie hoch ist der EUSt-Wert?

12. Aufgabe – Seefracht: Einfuhrabgaben FOB und DAP – Vergleich

Ihre Spedition soll für einen Kunden eine Sendung aus Valparaiso zum freien Verkehr abfertigen. Die Sendung wird in Hamburg vom Schiff entladen und soll in Aachen verzollt werden.

Der Rechnungspreis beträgt 115.000 USD. Ihr Kunde wünscht einen Kostenvergleich zwischen einer Lieferung mit Vereinbarung FOB Valparaiso und DAP Aachen.

Errechnen Sie die Einfuhrabgaben unter Berücksichtigung folgender Angaben:

Seetransport bis Hamburg: 7.500,00 USD
Seetransportversicherung: 625,00 USD
Transport Hamburg-Aachen: 860,00 Euro
Zollsatz: 4,2 %
EUSt-Satz: 19 %
1 Euro = 1,31 USD

13. Aufgabe – Einfuhrabgaben berechnen in der Seefracht und in der Luftfracht – direkter Vergleich

Angaben:

- 1.550 Kartons Elektroteile, 11.400 kg ab Singapur nach Hamburg
- Lieferbedingung: FOB Singapur bzw. FCA Airport Singapur
- Rechnungspreis: 15.450 Euro
- Vorlauf zum Seehafen: 95,00 Euro
- Vorlauf zum Flughafen: 85,00 Euro
- Seefracht: 844,30 Euro
- Luftfracht: 1.254,80 Euro
- in den Zollwert einzubeziehende Luftfracht: 75 %
- Nachlauf bis zum ersten inländischen Bestimmungsort sowohl beim See-, als auch beim Lufttransport: 124,20 Euro
- Zollsatz: 12,5 %
- EUSt-Satz: 19 %

a) Ermitteln Sie bei einem Transport per Seefracht

aa) den Zollwert

ab) den Zoll

ac) den EUSt-Wert

ad) die EUSt

b) Ermitteln Sie bei einem Transport per Luftfracht

ba) den Zollwert

bb) den Zoll

bc) den EUSt-Wert

bd) die EUSt

14. Aufgabe – Zollunion und Freihandelszone

Die Europäische Zollunion ist ein Handelsraum, in dem Handelshemmnisse abgebaut wurden und ein freier Warenverkehr möglich ist.

a) Zählen Sie alle Mitgliedsstaaten der Europäischen Zollunion auf und nennen Sie auch deren Hauptstädte. (Tipp: Es sind insgesamt 31 Länder)

b) Grenzen Sie den Begriff „Freihandelszone" von einer „Zollunion" ab und erklären Sie die Unterschiede. Nennen Sie zudem eine Ihnen bekannte Freihandelszone und deren Mitgliedsstaaten.

15. Aufgabe – Wichtige Begriffe aus dem Zollwesen

Finden Sie Beschreibungen für folgende Begriffe aus dem Zollwesen:

UZK
Unionsware
Nicht-Unionsware
Zollunion
Freihandelszone
Ausfuhrzollstelle
Ausgangszollstelle
Arten des Ausfuhrverfahrens
Überlassung zum zollrechtlich freien Verkehr
Passive Veredlung
Aktive Veredlung
Unionsversandverfahren T1
Unionsversandverfahren T2
Gemeinsames Versandverfahren T1
Gemeinsames Versandverfahren T2
Carnet-TIR
Carnet-ATA
MRN
Nämlichkeitssicherung
Zollwert
Zollsatz
EUSt-Wert
EUSt
Einfuhrabgaben
Ausgangsvermerk
EORI-Nummer
ATLAS
Vertretungsregeln
Dual-Use-Güter

16. Aufgabe – Zollverfahren II

Erklären Sie für folgende Situationen, welches Zollverfahren anzuwenden ist.

a) Ein deutscher Importeur kauft Textilien aus Asien und verkauft sie nach einmonatiger Zwischenlagerung unverändert weiter an einen Käufer in Belarus.

b) Elektronikteile aus den USA werden nach Deutschland transportiert, dort zu Kfz-Cockpits montiert und anschließend in die USA zurück exportiert.

c) 2 Container (Inhalt: Reiswein aus Japan) werden im Hamburger Hafen entladen und beim Käufer in Frankfurt am Main in den zollrechtlich freien Verkehr überlassen.

d) Ein Händler aus Köln verkauft Brauereiprodukte an einen Käufer in Italien. Die Lkw-Route führt den Frachtführer über die Schweiz bis zum Empfänger in Como.

Notizen

Lösungen

Notizen

1. Aufgabe – Zollverfahren I

a) Es handelt sich um das „**Einfuhrverfahren**“ bzw. die „Überlassung zum zollrechtlich freien Verkehr“. Nicht-Unionsware, die aus einem Drittland in die EU transportiert wird, wird durch Zahlung von Zöllen und Steuern (Einfuhrumsatzsteuer oder auch Verbrauchsteuern) zu Unionsware und kann am freien Warenverkehr teilnehmen.

b) Es handelt sich um das Zollverfahren „**Aktive Veredlung**“. Die EU wird „aktiv“ und bearbeitet/verbessert einkommende Nicht-Unionsware. Nach der Veredlung wird die Ware zurück aus der EU in das entsprechende Drittland transportiert. Aus Sicht der EU fallen keine Zollabgaben an.

c) Es handelt sich um ein „**Zollversandverfahren**“. Diese verfolgen das Ziel, eine Einfuhrzollabfertigung von der Grenze ins Inland zu verlagern. Damit werden die Grenzzollämter entlastet. Das hier beschriebene Zollversandverfahren ist das Unionsversandverfahren T1, da Nicht-Unionsware (T1) innerhalb der EU (Unionsversand) unter zollamtlicher Überwachung befördert wird.

d) Es handelt sich hierbei um eine „**Passive Veredlung**“. Die EU lässt veredeln und verhält sich somit „passiv“. Unionsware wird hierbei in ein Drittland befördert und dort verarbeitet. Bei Rückführung muss nur der gewonnene Mehrwert der Ware verzollt werden.

e) Es handelt sich um das „**Zolllagerverfahren**“. Hier ist es möglich, unverzollte Nicht-Unionsware dauerhaft zu lagern. Zollabgaben fallen erst bei Auslagerung und anschließender Einfuhr an.

f) Es handelt sich um das „**Ausfuhrverfahren**“. Hierbei wird Unionsware aus der EU in ein Drittland ausgeführt.

2. Aufgabe – Transport in die Schweiz

aa) Unionsware soll aus der EU (Deutschland) in ein Drittland (Schweiz) befördert werden. Beim Zoll muss daher das Ausfuhrverfahren angemeldet werden.

ab) Am Ausfuhrverfahren sind zwei Zollstellen beteiligt:

Ausfuhrzollstelle = Zollstelle, in deren Bezirk der Ausführer seinen Sitz hat oder in deren Bezirk der Verlade- oder Verpackungsort der Ware liegt, und bei der damit die Beförderung der Ware zur Ausfuhr beginnt

Ausgangszollstelle = Zollstelle an der EU-Grenze (also: letzte Zollstelle vor dem Ausgang (dem Export) der Waren aus dem Zollgebiet der Gemeinschaft in ein Drittland)

Je nach Warenwert werden verschiedene Arten unterschieden:

Bis 1.000 Euro Warenwert: die Ware kann mündlich (mit Vorlage der Handelsrechnung) direkt bei der Ausgangszollstelle angemeldet werden (einstufiges Verfahren)

Über 1.000 Euro bis 3.000 Euro Warenwert: die Ware wird elektronisch über ATLAS (Automatisiertes Tarif- und lokales Zollabwicklungssystem) bei der Ausgangszollstelle angemeldet (einstufiges Verfahren)

Über 3.000 Euro Warenwert: zweistufiges Verfahren. Die Ausfuhr wird über ATLAS angemeldet und läuft im zweistufigen Standardverfahren/Normalverfahren dann wie folgt ab:

1. Stufe:
- Anmeldung durch den Anmelder elektronisch über ATLAS bei der Ausfuhrzollstelle
- Die Ausfuhrzollstelle prüft die Anmeldung und wenn alles in Ordnung ist, nimmt sie die Anmeldung entgegen
- Gestellung der Ware bei der Ausfuhrzollstelle (bedeutet: der Fahrer fährt mit der Ware zur Zollstelle und präsentiert sie dort)
- Die Ausfuhrzollstelle kontrolliert noch einmal die Ausfuhranmeldung und kann die Ware beschauen; sie prüft hier auch, ob die Ausfuhr der Ware zulässig ist; hat der Zoll nichts zu beanstanden, nimmt er die Anmeldung an und weist dem Ausfuhrverfahren eine MRN (= Master Reference Number = Hauptbezugsnummer, Registrierungsnummer) zu
- Der Fahrer bekommt die MRN vom Zoll in Form eines Begleitdokuments, auf dem die MRN als Barcode verschlüsselt wurde
- Die Ausfuhrzollstelle sendet eine „Vorab-Ausfuhranzeige" an die Ausgangszollstelle

2. Stufe:
- Gestellung der Ware bei der Ausgangszollstelle mit Vorlage der MRN (die Zollstelle ruft das Zollverfahren auf)
- Die Ausgangszollstelle kann die Ware noch einmal beschauen und prüfen, ob die gestellte Ware der angemeldeten entspricht; hat alles seine Richtigkeit, wird die Ware ausgeführt
- Die Ausgangszollstelle sendet eine elektronische Ausgangsbestätigung/ein Kontrollergebnis an die Ausfuhrzollstelle
- Das Ausfuhrverfahren wird durch den Versand des Ausgangsvermerks von der Ausfuhrzollstelle an den Anmelder beendet

ac) Die Ausfuhr einer Ware ist umsatzsteuerfrei. Um die tatsächliche Ausfuhr einer Ware nachzuweisen, erhält der Ausführer nach Beendigung des Ausfuhrverfahrens den sogenannten „**Ausgangsvermerk**" per PDF von der Zollbehörde. Bei Vorlage der Ausgangsvermerke beim Finanzamt kann der Exporteur seine Umsatzsteuerbefreiung für die stattgefundenen Ausfuhren nachweisen.

b) Um die Zollabfertigung von der Außengrenze ins Inland zu verlagern, muss ein Zollversandverfahren angemeldet werden. Als Versandverfahren zwischen der EU und einem EFTA-Staat (Schweiz) ist das „Gemeinsame Versandverfahren" anzuwenden. Es ist das T2-Verfahren zu wählen, da dieses beim Versand von Unionswaren eingesetzt wird.

Ablauf:

1. Versandanmeldung an die Abgangszollstelle via ATLAS (Programm: NCTS = New Computerized Transit System)
2. Entgegennahme der Anmeldung durch die Abgangszollstelle und Vergabe einer Arbeitsnummer
3. Gestellung von Ware und Dokumenten (d.h.: Fahrer bewegt sich mit Ware und Dokumenten zur Abgangszollstelle)
4. Zoll darf beschauen (Zollbefund) und setzt eine Frist, innerhalb derer der Fahrer die Ware bei der Bestimmungszollstelle gestellen muss
5. Zoll sichert die Nämlichkeit der Ware (z. B. durch Verplombung des Lkws oder durch exakte Warenbeschreibung, bzw. Packverschluss), damit die Ware während des Transports nicht mehr verändert werden kann
6. Zoll vergibt MRN (Master Reference Number, gedruckt auf dem VBD = Versandbegleitdokument)
7. Zoll verlangt eine Sicherheit über die Bezahlung der Zollabgaben (siehe mehr dazu unten)
8. Abgangszollstelle sagt der Bestimmungszollstelle durch eine Vorab-Auskunftsanzeige Bescheid, dass Ware auf sie zukommt
9. Fahrer bringt die Ware mit dem VBD zur Bestimmungszollstelle
10. Gestellung mit Ware und Dokumenten (Zoll ruft das Verfahren über die MRN auf und gleicht die Daten des Systems mit der gestellten Ware ab)
11. Bestimmungszollstelle informiert die Abgangszollstelle über das Ergebnis der Gestellung/Kontrolle
12. Abgangszollstelle sendet Erledigungsmitteilung an den Anmelder

Zu Schritt 7: Sicherheiten:

Weil sich beim Versandverfahren unverzollte Nicht-Unionswaren durch die EU bewegen, möchte der Zoll eine Sicherheit haben, für den Fall, dass er die geforderten Einfuhrabgaben nicht bekommt. Grundsätzlich gilt: Kein Versandverfahren ohne Sicherheitsleistung.

Einzelsicherheit: wird nur für ein Versandverfahren eingesetzt; die Höhe des Betrags richtet sich nach der Höhe der zu erwartenden Abgaben

Gesamtsicherheit/Gesamtbürgschaft: wird für mehrere Versandverfahren eingesetzt; die Höhe des Betrags richtet sich nach den Abgaben des Vorjahrs oder nach Abgaben, die innerhalb eines Jahres schätzungsweise anfallen.

3. Aufgabe – Zollversandverfahren I

a) **Unionsversandverfahren:**
Es gilt innerhalb der 27 EU-Staaten (T1 = Nicht-Unionsware, T2 = Unionsware)

Gemeinsames Versandverfahren:
Es gilt zwischen der EU + EFTA + Türkei + Nordmazedonien + Serbien + Groß-Britannien + Ukraine + Georgien
(T1 = Nicht-Unionsware, T2 = Unionsware)

Carnet-TIR:
Es gilt zwischen den Vertragspartnern des Carnet-TIR-Abkommens und wird angewandt, wenn das Unionsversandverfahren und das Gemeinsame Versandverfahren keine Geltung finden, also bei Transport zwischen der EU und Drittländern (außer: EFTA + Türkei + Nordmazedonien + Serbien + Groß-Britannien + Ukraine + Georgien)

Carnet-ATA:
Es gilt für die zollfreie Aus- und Wiedereinfuhr von z. B. Messegütern (Unionsware) in Drittländer (z. B. ein Produktmuster aus Deutschland soll auf einer Messe in Moskau ausgestellt werden). Das Verfahren ist also für Güter vorgesehen, die nur vorübergehend in ein Drittland ausgeführt und unverändert wieder eingeführt werden sollen. Dabei kann es sich z. B. auch um Warenmuster oder Berufsausrüstung handeln. Mit einem Carnet ATA können aber auch Nicht-Unionswaren in das Zollgebiet der Union vorübergehend eingeführt werden (vorübergehende Verwendung und Wiederausfuhr).

ba) **Unionsversandverfahren T1**
Versendet werden soll Nicht-Unionsware. Dabei beginnt und endet das Versandverfahren innerhalb der EU (Hamburg und Aachen).

bb) **Unionsversandverfahren T1**
Versendet werden soll Nicht-Unionsware. Dabei beginnt und endet das Versandverfahren innerhalb der EU (Hamburg und Salzburg (Österreich)).

bc) **Gemeinsames Versandverfahren T2**
Versendet werden soll Unionsware. Dabei beginnt das Versandverfahren in der EU (Aachen) und endet in einem EFTA-Staat (Schweiz).

bd) **Carnet-ATA**
Es handelt sich hierbei um eine vorübergehende Ausfuhr in ein Drittland. Die Ware soll nicht in Russland verbleiben, sondern nach der Messe unverändert zurückgeführt werden.

be) **Gemeinsames Versandverfahren T1**
Versendet werden soll Nicht-Unionsware. Dabei beginnt das Versandverfahren in einem EFTA-Staat (Norwegen) und endet in einem EU-Staat (Deutschland).

bf) **Unionsversandverfahren T2**
Versendet werden soll Unionsware innerhalb der EU, aber über ein Drittland. Das Verfahren beginnt und endet in der EU (Deutschland-Italien), soll aber über ein Drittland erfolgen.

bg) **Gemeinsames Versandverfahren T2**
Versendet werden soll Unionsware. Dabei beginnt das Versandverfahren in der EU (Aachen) und endet in Serbien. Das Gemeinsame Versandverfahren gilt für Transporte zwischen der EU und EFTA, der Türkei, Serbien, Nordmazedonien, Groß-Britannien, der Ukraine und Georgien.

4. Aufgabe – Unionsware und Nicht-Unionsware

a) **Unionsware** (früher: Gemeinschaftsware), Artikel 5 UZK:
- Waren, die im Zollgebiet der EU gewonnen bzw. hergestellt wurden

oder
- Waren, die ihren Ursprung außerhalb der EU haben, aber in die EU importiert wurden und hier in den zollrechtlich freien Verkehr überführt wurden

Nicht-Unionsware (früher: Nicht-Gemeinschaftsware):
Alle oben nicht genannten Waren, also Waren, die aus einem Drittland stammen.

b)
1) EsumA = Summarische Eingangsanmeldung: noch bevor die Ware in die EU verbracht wird, muss sie elektronisch bei der ersten Eingangszollstelle (über ATLAS z. B. durch den Spediteur, bzw. „Beförderer") angemeldet werden → zur Gefahrenabwehr; es sind bestimmte Fristen zu beachten (je nach Verkehrsmittel)
2) Verbringen der Ware in die EU durch den Beförderer/Frachtführer (z. B. per Seeschiff zum Hamburger Hafen) → die zollamtliche Überwachung beginnt, d.h.: der Zoll möchte genau über die Sendung informiert sein, damit alle Vorschriften des Zollrechts eingehalten werden können (Artikel 5, 27 UZK)
3) Gestellung beim Eingangszollamt (mit Verweis auf die EsumA) + Abgabe der summarischen Anmeldung (SumA), bzw. Umwandlung der ESumA in eine SumA (dem Zoll wird der Eingang der Ware mitgeteilt)
4) Ware befindet sich im Status „Vorübergehende Verwahrung", d.h.: man hat nun 90 Tage Zeit, sich für ein Zollverfahren zu entscheiden → die Ware wird solange an einem vom Zoll bewilligten Ort gelagert
5) Entscheidung für ein Zollverfahren; meistens: Überlassung in den zollrechtlich freien Verkehr, d.h.: Zollanmeldung über ATLAS und Verzollung der Ware
→ Der Zoll stellt einen Steuerbescheid aus. Sobald der Zoll gezahlt wurde, wird aus der Nicht-Unionsware Unionsware (Statuswechsel der Ware)
Andere Zollverfahren sind möglich, z. B. Zolllagerverfahren, Versandverfahren usw.

c) Folgende Abgaben können bei der Einfuhr von Ware erhoben werden:

Zoll:
Der Zoll ist eine Steuer, die bei der Einfuhr von Nicht-Unionsware erhoben wird. Die Zahlung des Zolls soll die inländische Wirtschaft vor preisgünstiger ausländischer Konkurrenz schützen (Beispiel: günstige Schuhe aus China); man spricht hierbei auch von Anti-Dumpingzölle (Dumping = Schleuderpreise). Hierdurch soll sichergestellt werden, dass die eingeführte Ware zum üblichen Marktpreis eingekauft wird.
Die Zolleinnahmen stehen der EU zu. Das Aufkommen an Zöllen in Deutschland beträgt regelmäßig rund 5 Mrd. Euro pro Jahr.

Einfuhrumsatzsteuer:
Es handelt sich hierbei um eine Verbrauchssteuer, die dafür sorgt, dass eingeführte Waren mit dem gleichen Steuersatz belastet werden wie inländische Produkte (19% / 7%). Ihr Aufkommen beträgt jährlich rund 50 Milliarden Euro.

Andere Verbrauchsteuern:
Neben der Einfuhrumsatzsteuer gibt es weitere Verbrauchsteuern, die auf bestimmte Güterarten erhoben werden, wie zum Beispiel: Alkohol, Tabak oder Kaffee. Ihr Aufkommen beträgt jährlich rund 60 Milliarden Euro.

5. Aufgabe – Zollversandverfahren II

a) Gewählt wird das **Unionsversandverfahren T1**, weil Nicht-Unionsware innerhalb der EU (von Rotterdam nach Aachen) befördert werden soll.

Ablauf:

1. Versandanmeldung an die Abgangszollstelle via ATLAS (Programm: NCTS = New Computerized Transit System)
2. Entgegennahme der Anmeldung durch die Abgangszollstelle und Vergabe einer Arbeitsnummer
3. Gestellung von Ware und Dokumenten (d.h.: Fahrer bewegt sich mit Ware und Dokumenten zur Abgangszollstelle)
4. Zoll darf beschauen (Zollbefund) und setzt eine Frist, innerhalb derer der Fahrer die Ware bei der Bestimmungszollstelle gestellen muss
5. Zoll sichert die Nämlichkeit der Ware (z. B. durch Verplombung des Lkws oder durch exakte Warenbeschreibung, bzw. Packverschluss), damit die Ware während des Transports nicht mehr verändert werden kann
6. Zoll vergibt MRN (Master Reference Number, gedruckt auf dem VBD = Versandbegleitdokument)
7. Zoll verlangt eine Sicherheit über die Bezahlung der Zollabgaben (Einzelsicherheit oder Gesamtsicherheit)
8. Abgangszollstelle sagt der Bestimmungszollstelle durch eine Vorab-Auskunftsanzeige Bescheid, dass Ware auf sie zukommt
9. Fahrer bringt die Ware mit dem VBD zur Bestimmungszollstelle
10. Gestellung mit Ware und Dokumenten (Zoll ruft das Verfahren über die MRN auf und gleicht die Daten des Systems mit der gestellten Ware ab)
11. Bestimmungszollstelle informiert die Abgangszollstelle über das Ergebnis der Gestellung/Kontrolle
12. Abgangszollstelle sendet Erledigungsmitteilung an den Anmelder

b) Gewählt wird das **Carnet-ATA-Verfahren**. Es gilt für die zollfreie Aus- und Wiedereinfuhr von z. B. Messegütern (Unionsware) in Drittländer (z. B. ein Produktmuster aus Deutschland soll auf einer Messe in Moskau ausgestellt werden). Das Verfahren ist also für Güter vorgesehen, die nur vorübergehend in ein Drittland ausgeführt und unverändert wieder eingeführt werden sollen. Dabei kann es sich z. B. auch um Warenmuster oder Berufsausrüstung handeln. Mit einem Carnet ATA können aber auch Nicht-Unionswaren in das Zollgebiet der Union vorübergehend eingeführt werden (vorübergehende Verwendung und Wiederausfuhr).

Ablauf:

1. Das Carnet-ATA wird bei der IHK besorgt und ausgefüllt.
2. Die IHK prüft alle Angaben, unterschreibt und versiegelt das Dokument, nachdem sie das Ausstellungs- und Gültigkeitsdatum (maximal 1 Jahr) auf dem Carnet-ATA festgehalten hat. Das Carnet-ATA erhält zudem eine Seriennummer, um es eindeutig zuordnen zu können.
2. Mit dem ausgestellten Carnet-ATA fährt der Fahrer (inklusive Ware und einem zollsicheren Fahrzeug) zur Abgangszollstelle. Dort wird die Nämlichkeit der Ware gesichert (z. B. durch eine genaue Beschreibung oder Seriennummern der Ware)
3. Der Fahrer fährt mit dem Carnet-ATA ins Bestimmungsland; der Eingangszoll prüft das Carnet-ATA und stempelt es ab.
4. Die Ware wird im Bestimmungsland genutzt und anschließend wieder ausgeführt. Der Ausgangszoll prüft und stempelt.
5. Wird das Carnet-ATA nicht mehr gebraucht, muss es der IHK zurück gegeben werden.

Zölle fallen nicht an.

Anmerkung: Zahlreiche Industrie- und Handelskammern bieten für die Ausstellung des Carnet-ATA mittlerweile ein Online-Verfahren („eCarnet“ oder „eATA“) an.

6. Aufgabe – Transport von Serbien nach Deutschland

a) Zunächst werden vom Kunden **weitere Informationen** benötigt wie: Gewicht der Sendung, Art der Verpackung (auf Palette oder lose?), Umfang/Maße der Sendung, zeitliche Vorgaben (Fixtermin?), Besonderheiten (wie erfolgt die Be- und Entladung? Hoher Warenwert?), Adresse von Übernahme- und Ablieferort).

Daraufhin kann die Auswahl eines Fahrzeuges erfolgen. Im Rahmen einer **Make-or-Buy-Entscheidung** sollte der Einsatz des eigenen Fuhrparks (Selbsteintritt) oder der Einsatz eines fremden Frachtführers geplant werden. Die **Kalkulation** der Kosten und die preislichen Absprachen mit dem Kunden sollten vor Vertragsabschluss erfolgen; auch rechtliche Grundlagen müssen geklärt werden (zum Beispiel: ist der Kunde mit der Vereinbarung der ADSp 2017 einverstanden?). Die **notwendigen Dokumente** sind zu erstellen (CMR-Frachtbrief) und die Zollabfertigung ist zu planen. Auch sollte erfragt werden, ob der Kunde zusätzliche Leistungen wie zum Beispiel die Eindeckung einer **Transportversicherung** wünscht.

Erfolgt der Transport im Selbsteintritt sollte aufgrund der **Route** über eine Zwei-Fahrer-Besetzung nachgedacht werden. Auch muss im Falle eines Selbsteintritts eine Tour in Richtung Serbien gefunden werden (Frachtenbörse, andere Stammkunden), um Leerfahrten zu vermeiden.

b) Die **Entfernung** zwischen Belgrad und Aachen liegt bei **ca. 1.600 km**. Die Strecke führt durch Ungarn und Österreich. Je nach Fahrzeug-Art kann mit einer Durchschnittsgeschwindigkeit von ca. 64 km/h kalkuliert werden:

1.600 km : 64 km/h = 25 Stunden reine Lenkzeit

Bedenkt man, dass die tägliche Lenkzeit bei 9 Stunden liegt (2 x in der Woche 10) ergeben sich etwas mehr als 2,5 Tage reine Lenkzeit. Dazwischen sind Tagesruhezeiten von jeweils 11 Stunden (3 x in der Woche 9 Stunden) einzulegen. Mit zusätzlicher Zeit für eine Be- und Entladung sowie einem Grenzaufenthalt **sollten 3, besser 3,5 Tage** kalkuliert werden.

Zu bedenken ist natürlich, dass dies nur die Strecke von Belgrad nach Aachen ist. Um ein Fahrzeug in Belgrad zur Verfügung zu haben, muss dieses zuerst in die Richtung unterwegs sein. Auch diese Zeit ist entsprechend zu kalkulieren, wenn vor Ort kein Fahrzeug flexibel eingesetzt werden kann.

c) Die Firma Ehrlichs GmbH in Aachen hat mit unserer Spedition einen **Speditionsvertrag** geschlossen, da sie unsere Spedition mit der Organisation des Transports bzw. der Besorgung der Versendung beauftragt hat. Es gelten als Rechtsgrundlagen das **HGB** und, wenn vereinbart, die **ADSp 2017**.

Wird für den Transport ein fremder Frachtführer eingesetzt, wurde mit diesem ein **Frachtvertrag** mit unserer Spedition geschlossen. Als Rechtsgrundlage gelten die **CMR**, da es sich um einen grenzüberschreitenden Transport mit dem Lkw handelt. Die CMR sehen als Haftungshöchstgrenze für einen **Güterschaden** maximal **8,33 SZR pro kg-brutto** (aber niemals mehr als der Warenwert) vor. Bei einer **Lieferfristüberschreitung** wird maximal mit der **einfachen Fracht** gehaftet.

d) Bei einem Transport aus Belgrad nach Aachen muss das **Einfuhrverfahren** (Überlassung zum zollrechtlich freien Verkehr) angemeldet werden. Es handelt sich um Nicht-Unionsware, die in die EU eingeführt werden soll. Als Einfuhrabgaben fallen Zoll und EUSt (Einfuhrumsatzsteuer) an.

Die Grundlage für die Berechnung der Zollabgabe bilden der **Zollwert** und der **Zollsatz**. Der Zollsatz ist stets in Prozent anzugeben und richtet sich nach der Art der einzuführenden Ware. Die Höhe des Zollsatzes kann entweder beim Zoll erfragt oder auf der Internetseite des Elektronischen Zolltarifs (EZT) nachgeschlagen werden.

Der Zollsatz ist vom Zollwert zu berechnen:

Zollwert: 100 x Zollsatz = Zollabgabe

Beim Zollwert handelt es sich um den **Wert der Ware an der ersten EU-Grenze**. Wird die Strecke über Ungarn und Österreich gewählt, so wäre die erste EU-Grenze die Grenze zwischen Serbien und Ungarn (Horgoš - Serbische Grenze/Grenzübergang Granični prelaz). Da als Incoterm EXW Belgrad vereinbart wurde sind zum vereinbarten Verkaufswert alle Kosten hinzuzurechnen, die bis zu diesem Grenzort anfallen. Es wird sich hierbei um die Transportkosten handeln. Das bedeutet:

EXW Belgrad Verkaufspreis
+ Transportkosten bis Grenze Serbien/Ungarn
= Zollwert

Von diesem Zollwert ist der Zollsatz zu berechnen und ergibt die **Zollabgabe**.

Um die EUSt zu ermitteln, muss zunächst der EUSt-Wert berechnet werden. Es handelt sich hierbei um den **Wert der Ware am ersten inländischen Bestimmungsort**: in unserem Fall Aachen. Es müssen nun noch alle Kosten hinzugerechnet werden, die anfallen, bis sich die Ware in Aachen befindet.

Das ergibt folgende Berechnung:
Zollwert
+ Zollabgabe
+ Transportkosten ab Grenze Serbien/Ungarn bis Aachen
= EUSt-Wert

Je nach Ware sind hiervon nun 19 % oder 7 % zu berechnen, um die EUSt zu erhalten.

Die Summe aus der Zollabgabe und der EUSt ergibt die Höhe der **Einfuhrabgaben**.

Je nach Incoterm ist bei der Berechnung anders vorzugehen.

Soll die Verzollung von der EU-Außengrenze ins Inland (nach Aachen) verlegt werden, muss zusätzlich das **Gemeinsame Versandverfahren T1** eröffnet werden.

7. Aufgabe – Transport von Deutschland nach Italien (Transit Schweiz)

a) Weil am Rhein (Deutschland) - Basel (Schweiz) - Chiasso (Schweiz) - Como (Italien)
(Fahrt über St. Gotthard Pass)

b) Als Zollversandverfahren ist das **Unionsversandverfahren T2** zu eröffnen. Es handelt sich hierbei um Unionsware, die über ein Drittland, aber zwischen zwei EU-Staaten (Deutschland und Italien) transportiert werden soll.

c)
- VBD (T2) mit MRN
- CMR-Frachtbrief
- EU-Lizenz
- Führerschein
- Zulassungsbescheinigung Teil 1
- Handelsrechnung
- Fahrerkarte
- Personalausweis
- Nachweis über Güterschadenhaftpflichtversicherung für den deutschen Streckenabschnitt

d) **Berechnung der Zollabgaben:**
195.000 Euro (Warenwert FCA Osaka)
+ 70 % der Luftfrachtkosten außerhalb der EU: 1.260 Euro (70 % von 1.800 Euro)
= 196.260 Euro (Zollwert)

Zollabgabe: 8.831,70 Euro (4,5 % von 196.260 Euro)

Berechnung der EUSt (Einfuhrumsatzsteuer), Formel:
Zollwert: 196.260 Euro
+ Zollabgabe: 8.831,70 Euro
+ Anteil der Luftfrachtkosten innerhalb der EU: 30 %: 540 Euro
= EUSt-Wert: 205.631,70 Euro, davon 19 % = **EUSt: 39.070,02 Euro**

Einfuhrabgaben: Zollabgabe (8.831,70 Euro) + EUSt (39.070,02 Euro) = **47.901,72 Euro**

e) **Berechnung der Zollabgaben:**
195.000 Euro (Warenwert Airport DAP Mailand)
- 30 % der Luftfracht innerhalb der EU: 540 Euro
= 194.460 Euro (Zollwert)

Zollabgabe: 8.750,70 Euro (4,5 % von 194.460 Euro)

Berechnung der EUSt (Einfuhrumsatzsteuer), Formel:
Zollwert: 194.460 Euro
+ Zollabgabe: 8.750,70 Euro
+ Anteil der Luftfrachtkosten innerhalb der EU: 30 %: 540 Euro
= EUSt-Wert: 203.750,70 Euro, davon 19 % = **EUSt: 38.712,63 Euro**

Einfuhrabgaben: Zollabgabe (8.750,70 Euro) + EUSt (38.712,63 Euro) = **47.463,33 Euro**

f) Es handelt sich hierbei um einen **Kabotage-Transport**, weil ein nicht-ansässiger Frachtführer (hier: deutsches Unternehmen) einen nationalen Transport in einem fremden Land (hier: Italien) durchführt. Kabotage-Fahrten sind mit der EU-Lizenz erlaubt.

8. Aufgabe – Transport von Aachen nach Tunis

a) Tunesien

b) Beispielhafte Route: ab Aachen über Belgien, Frankreich und die Schweiz bis nach Italien zum Hafen Genua. Von dort aus mit der Fähre bis nach Tunis. Der Lkw fährt im Ro/Ro-Verkehr auf der Fähre mit (roll on/roll off, „schwimmende Landstraße").

c) Tunesien ist kein Mitgliedsstaat der EU, sodass für den Transport eine Ausfuhr angemeldet werden muss. Der Warenwert liegt mit 15.850 Euro höher als 3.000 Euro, sodass das elektronische zweistufige Verfahren gewählt werden muss.

<u>Ablauf:</u>

1. Stufe:

- Anmeldung durch den Anmelder elektronisch über ATLAS bei der Ausfuhrzollstelle (Aachen)
- Die Ausfuhrzollstelle prüft die Anmeldung und wenn alles in Ordnung ist, nimmt sie die Anmeldung entgegen
- Gestellung der Ware bei der Ausfuhrzollstelle (bedeutet: der Fahrer fährt mit der Ware zur Zollstelle und präsentiert sie dort)
- Die Ausfuhrzollstelle kontrolliert noch einmal die Ausfuhranmeldung und kann die Ware beschauen; sie prüft hier auch, ob die Ausfuhr der Ware zulässig ist; hat der Zoll nichts zu beanstanden, nimmt er die Anmeldung an und weist dem Ausfuhrverfahren eine MRN (= Master Reference Number = Hauptbezugsnummer, Registrierungsnummer) zu
- Der Fahrer bekommt die MRN vom Zoll in Form eines Begleitdokuments, auf dem die MRN als Barcode verschlüsselt wurde
- Die Ausfuhrzollstelle sendet eine „Vorab-Ausfuhranzeige" an die Ausgangszollstelle

2. Stufe:

- Gestellung der Ware bei der Ausgangszollstelle (Genua) mit Vorlage der MRN (die Zollstelle ruft das Zollverfahren auf)
- Die Ausgangszollstelle kann die Ware noch einmal beschauen und prüfen, ob die gestellte Ware der angemeldeten entspricht; hat alles seine Richtigkeit, wird die Ware ausgeführt
- Die Ausgangszollstelle sendet eine elektronische Ausgangsbestätigung/ein Kontrollergebnis an die Ausfuhrzollstelle
- Das Ausfuhrverfahren wird beendet durch Versand des Ausgangsvermerks von der Ausfuhrzollstelle an den Anmelder

d) Nicht-Unionsware soll in die EU eingeführt werden, somit muss das Einfuhrverfahren bzw. die Überlassung zum zollrechtlich freien Verkehr angemeldet werden. Dies erfolgt per ATLAS.

Ablauf:

1. EsumA = Summarische Eingangsanmeldung: noch bevor die Ware in die EU verbracht wird, muss sie elektronisch bei der ersten Eingangszollstelle (über ATLAS, z. B. durch den Spediteur bzw. „Beförderer") angemeldet werden
2. Verbringen der Ware in die EU durch den Beförderer/Frachtführer (in unserem Fall mit der Fähre von Tunis nach Genua) → die zollamtliche Überwachung beginnt, d.h. der Zoll möchte genau über die Sendung informiert sein, damit alle Vorschriften des Zollrechts eingehalten werden können (Artikel 5, 27 UZK)
3. Gestellung beim Eingangszollamt Genua (mit Verweis auf die EsumA) + Abgabe der summarischen Anmeldung (SumA) bzw. Umwandlung der ESumA in eine SumA (dem Zoll wird der Eingang der Ware mitgeteilt)
4. Ware befindet sich im Status „Vorübergehende Verwahrung", d.h. man hat nun 90 Tage Zeit, sich für ein Zollverfahren zu entscheiden
5. Entscheidung für ein Zollverfahren; hier: Überlassung in den zollrechtlich freien Verkehr, d.h. Zollanmeldung über ATLAS und Verzollung der Ware → Der Zoll stellt einen Steuerbescheid aus. Sobald der Zoll gezahlt wurde, wird aus der Nicht-Unionsware Unionsware (Statuswechsel der Ware).

Zusätzliches Zollverfahren: Unionsversandverfahren T1 und Verzollung der Ware erst in Köln.

Ablauf:

1. Versandanmeldung an die Abgangszollstelle (Genua) via ATLAS (Programm: NCTS = New Computerized Transit System)
2. Entgegennahme der Anmeldung durch die Abgangszollstelle und Vergabe einer Arbeitsnummer
3. Gestellung von Ware und Dokumenten (d.h. Fahrer bewegt sich mit Ware und Dokumenten zur Abgangszollstelle)
4. Zoll darf beschauen (Zollbefund) und setzt eine Frist, innerhalb derer der Fahrer die Ware bei der Bestimmungszollstelle gestellen muss
5. Zoll sichert die Nämlichkeit der Ware (z. B. durch Verplombung des Lkws oder durch exakte Warenbeschreibung bzw. Packverschluss), damit die Ware während des Transports nicht mehr verändert werden kann
6. Zoll vergibt MRN (Master Reference Number, gedruckt auf dem VBD = Versandbegleitdokument)
7. Zoll verlangt eine Sicherheit über die Bezahlung der Zollabgaben (Einzelsicherheit oder Gesamtsicherheit)
8. Abgangszollstelle sagt der Bestimmungszollstelle durch eine Vorab-Auskunftsanzeige Bescheid, dass Ware auf sie zukommt
9. Fahrer bringt die Ware mit dem VBD zur Bestimmungszollstelle (Köln)
10. Gestellung mit Ware und Dokumenten (Zoll ruft das Verfahren über die MRN auf und gleicht die Daten des Systems mit der gestellten Ware ab)
11. Bestimmungszollstelle informiert die Abgangszollstelle über das Ergebnis der Gestellung/Kontrolle
12. Abgangszollstelle sendet Erledigungsmitteilung an den Anmelder

9. Aufgabe – Sammelgutverkehr aus Istanbul

a) – Höhe der Paletten
- zeitliche Vorgaben (Lieferzeiten)
- Warenwert
- genaue Art der Waren (eventuell Gefahrgut?)
- Welche preisliche Vorstellung hat der Kunde? Ergibt sich dadurch für uns eine Kostendeckung?
- Frankatur/Incoterm?
- Wünscht der Kunde (neben der Neutralisierung) weitere Zusatzleistungen? (Abschluss einer Transportversicherung, Avisierung, Palettentausch?)

b) Ein Lkw-Sammelgutverkehr gliedert sich in drei Teilabschnitte: den Vorlauf, den Hauptlauf und den Nachlauf. Unsere Spedition bildet den Sammelguteingang und wird mit einem Spediteur in der Türkei zusammenarbeiten. Der Partnerspediteur in der Türkei erledigt den Vorlauf: er sammelt die verschiedenen Sendungen von unterschiedlichen Urversendern ein, bringt sie auf sein Lager, schlägt sie dort um und sortiert sie nach Relationen (in unserem Fall „Relation Deutschland bzw. Aachen“). Den Vorlauf kann er mit eigenen Fahrzeugen durchführen (Selbsteintritt) oder Subunternehmer beauftragen.

Danach erfolgt der Hauptlauf. Der Partnerspediteur in der Türkei kann auch hier den Selbsteintritt oder die Beauftragung eines Frachtführers wählen.

Der Hauptlauf-Lkw kommt in Aachen an und wird auf unserem Lager entladen. Die Sendungen werden auf die verschiedenen Empfangsrelationen verteilt. Man nennt diesen Vorgang „EuV – Entladen und Verteilen“. Im Anschluss erfolgt die Zustellung / das Ausrollen der Sendungen an die verschiedenen Empfänger. Dies kann im Selbsteintritt oder durch fremde Frachtführer erfolgten.

Als Dokumente werden im Lkw-Sammelgutverkehr eingesetzt:
- im Vorlauf: der Abholer oder Abholauftrag
- im Hauptlauf: das Bordero und der Frachtbrief (hier: CMR-Frachtbrief, da es sich um einen internationalen Transport handelt)
- im Nachlauf: die Rollkarte

Die Sendung wird durchgehend von einem Lieferschein begleitet. Dieser befindet sich zumeist in einem roten Umschlag direkt an der Ware.

Mögliche Routen:

Route 1: Bulgarien, Serbien, Kroatien, Slowenien, Österreich; hier wird der Grenzübergang Bad Reichenhall gewählt

Route 2: Bulgarien, Serbien, Ungarn, Österreich; hier wird der Grenzübergang Suben/Passau gewählt

Route 3: mit der Fähre (also im kombinierten Verkehr) zum Beispiel ab TR – Pendik bis nach Triest – Italien und dann auf dem Landweg weiter (andere Fährverbindungen sind möglich)

c) Die Türkei ist im Dezember 2012 dem Gemeinsamen Versandverfahren beigetreten. Somit wird das Gemeinsame Versandverfahren T1 (für Nicht-Unionsware) eröffnet, um die Verzollung nach Aachen zu verlagern. Auch eine Fahrt über Serbien ist damit problemlos möglich, weil auch Serbien sich dem Gemeinsamen Versandverfahren angeschlossen hat.

Ablauf:

1. Versandanmeldung an die Abgangszollstelle (vermutlich Istanbul) via ATLAS (Programm: NCTS - New Computerized Transit System)
2. Entgegennahme der Anmeldung durch die Abgangszollstelle und Vergabe einer Arbeitsnummer
3. Gestellung von Ware und Dokumenten (d.h. Fahrer bewegt sich mit Ware und Dokumenten zur Abgangszollstelle)
4. Zoll darf beschauen (Zollbefund) und setzt eine Frist, innerhalb derer der Fahrer die Ware bei der Bestimmungszollstelle gestellen muss
5. Zoll sichert die Nämlichkeit der Ware (z. B. durch Verplombung des Lkws oder durch exakte Warenbeschreibung bzw. Packverschluss), damit die Ware während des Transports nicht mehr verändert werden kann
6. Zoll vergibt MRN (Master Reference Number, gedruckt auf dem VBD = Versandbegleitdokument)
7. Zoll verlangt eine Sicherheit über die Bezahlung der Zollabgaben (Einzelsicherheit oder Gesamtsicherheit)
8. Abgangszollstelle sagt der Bestimmungszollstelle durch eine Vorab-Auskunftsanzeige Bescheid, dass Ware auf sie zukommt
9. Fahrer bringt die Ware mit dem VBD zur Bestimmungszollstelle (Aachen)
10. Gestellung mit Ware und Dokumenten (Zoll ruft das Verfahren über die MRN auf und gleicht die Daten des Systems mit der gestellten Ware ab)
11. Bestimmungszollstelle informiert die Abgangszollstelle über das Ergebnis der Gestellung/ Kontrolle
12. Abgangszollstelle sendet Erledigungsmitteilung an den Anmelder

Ein Transit durch Serbien ist durch Vorlage des VBD/T1 möglich.

d) Die Türkei gehört zur europäischen Zollunion, sodass es möglich ist, Ware zollfrei zwischen der Türkei und der EU zu versenden (Ausnahme: bestimmte Agrarprodukte und Kohle- und Stahlerzeugnisse unterliegen immer noch Zollabgaben).

Um den Nachweis zu erbringen, dass sich die einzuführenden Waren in der Türkei tatsächlich bereits im freien Verkehr befanden, wird ein A.TR, eine sogenannte Freiverkehrsbescheinigung, ausgestellt. Bei Vorlage des A.TR beim Zoll der Union wird nachgewiesen, dass diese Waren zollfrei importiert werden können. Der Vorteil für dem Importeur liegt also in der Zollbefreiung.

e) Beim Neutralisieren werden alle Markierungen und Kennzeichnungen einer Sendung / eines Packstücks entfernt, die auf den eigentlichen Ursprung der Sendung schließen können. Der Empfänger/ Käufer der Ware soll also nicht erfahren, wo die Ware ursprünglich herkommt. Dies wird deswegen gemacht, damit der Käufer sich nicht selbst an den ursprünglichen Verkäufer wenden kann, sondern weiterhin den Weg über den Zwischenhändler wählt.

10. Aufgabe – Zollabwicklung in der Luftfracht

a) **Export = Ausfuhrverfahren**

Am Ausfuhrverfahren sind zwei Zollstellen beteiligt:

Ausfuhrzollstelle = Zollstelle, in deren Bezirk der Ausführer seinen Sitz hat oder in deren Bezirk der Verlade- oder Verpackungsort der Ware liegt und bei der damit die Beförderung der Ware zur Ausfuhr beginnt

Ausgangszollstelle = Zollstelle an der EU-Grenze (also: letzte Zollstelle vor dem Ausgang (dem Export) der Waren aus dem Zollgebiet der Gemeinschaft in ein Drittland)

Je nach Warenwert werden verschiedene Arten unterschieden:

Bis 1.000 Euro Warenwert: die Ware kann mündlich (mit Vorlage der Handelsrechnung) direkt bei der Ausgangszollstelle angemeldet werden (einstufiges Verfahren)

Über 1.000 Euro bis 3.000 Euro Warenwert: die Ware wird elektronisch über ATLAS (Automatisiertes Tarif- und lokales Zollabwicklungssystem) bei der Ausgangszollstelle angemeldet (einstufiges Verfahren)

Über 3.000 Euro Warenwert: zweistufiges Verfahren. Die Ausfuhr wird über ATLAS angemeldet und läuft im zweistufigen Standardverfahren/Normalverfahren dann wie folgt ab:

1. Stufe:

- Anmeldung durch den Anmelder elektronisch über ATLAS bei der Ausfuhrzollstelle
- Die Ausfuhrzollstelle prüft die Anmeldung und wenn alles in Ordnung ist, nimmt sie die Anmeldung entgegen
- Gestellung der Ware bei der Ausfuhrzollstelle (bedeutet: der Fahrer fährt mit der Ware zur Zollstelle und präsentiert sie dort)
- Die Ausfuhrzollstelle kontrolliert noch einmal die Ausfuhranmeldung und kann die Ware beschauen; sie prüft hier auch, ob die Ausfuhr der Ware zulässig ist; hat der Zoll nichts zu beanstanden, nimmt er die Anmeldung an und weist dem Ausfuhrverfahren eine MRN (= Master Reference Number = Hauptbezugsnummer, Registrierungsnummer) zu
- Der Fahrer bekommt die MRN vom Zoll in Form eines Begleitdokuments, auf dem die MRN als Barcode verschlüsselt wurde
- Die Ausfuhrzollstelle sendet eine „Vorab-Ausfuhranzeige" an die Ausgangszollstelle

2. Stufe:

- Gestellung der Ware bei der Ausgangszollstelle mit Vorlage der MRN (die Zollstelle ruft das Zollverfahren auf)
- Die Ausgangszollstelle kann die Ware noch einmal beschauen und prüfen, ob die gestellte Ware der angemeldeten entspricht; hat alles seine Richtigkeit, wird die Ware ausgeführt
- Die Ausgangszollstelle sendet eine elektronische Ausgangsbestätigung/ein Kontrollergebnis an die Ausfuhrzollstelle
- Das Ausfuhrverfahren wird beendet durch Versand des Ausgangsvermerks von der Ausfuhrzollstelle an den Anmelder

Import = Einfuhrverfahren bzw. Überlassung zum zollrechtlich freien Verkehr

1) EsumA = Summarische Eingangsanmeldung: noch bevor die Ware in die EU verbracht wird, muss sie elektronisch bei der ersten Eingangszollstelle (über ATLAS, z. B. durch den Spediteur bzw. „Beförderer") angemeldet werden → zur Gefahrenabwehr; es sind bestimmte Fristen zu beachten:

   Kurzstreckenflug (Flug mit einer Dauer von weniger als vier Stunden): Spätestens zur tatsächlichen Abflugzeit des Flugzeugs

   Langstreckenflug (Flug mit einer Dauer von vier Stunden oder mehr): Spätestens vier Stunden vor der Ankunft auf dem ersten Flughafen im Zollgebiet der Union

2) Verbringen der Ware in die EU durch den Beförderer/Frachtführer (in unserem Fall per Flugzeug zum Flughafen Frankfurt am Main) → die zollamtliche Überwachung beginnt, d.h. der Zoll möchte genau über die Sendung informiert sein, damit alle Vorschriften des Zollrechts eingehalten werden können (Artikel 5, 27 UZK)

3) Gestellung beim Eingangszollamt (mit Verweis auf die EsumA) + Abgabe der summarischen Anmeldung (SumA) bzw. Umwandlung der ESumA in eine SumA (dem Zoll wird der Eingang der Ware mitgeteilt)

4) Ware befindet sich im Status „Vorübergehende Verwahrung", d.h. man hat nun 90 Tage Zeit, sich für ein Zollverfahren zu entscheiden → die Ware wird solange an einem vom Zoll bewilligten Ort gelagert

5) Entscheidung für ein Zollverfahren; meistens: Überlassung in den zollrechtlich freien Verkehr, d.h. Zollanmeldung über ATLAS und Verzollung der Ware
   → Der Zoll stellt einen Steuerbescheid aus. Sobald der Zoll gezahlt wurde, wird aus der Nicht-Unionsware Unionsware (Statuswechsel der Ware)

   Andere Zollverfahren sind möglich, z. B. Zolllagerverfahren, Versandverfahren usw.

b) Die Ware wurde CPT Frankfurt am Main Airport verkauft, somit ist sie am Frankfurter Flughafen 3.800 Euro wert. Um den Zollwert zu berechnen, benötigen wir den Wert der Ware am ersten Grenzeintritt in die EU. Es muss also „rückwärts" gerechnet werden: der Anteil der Luftfrachtkosten innerhalb der EU muss vom Warenwert abgezogen werden.

   Luftfrachtkosten: 950 Euro, davon 35 % = 332,50 Euro

   Warenwert: 3.800 Euro - 35 % der Luftfrachtkosten: 332,50 Euro = 3.467,50 Euro
   Der Zollwert beträgt 3.467,50 Euro
   Davon 2,7 % ergibt die Zollabgabe: 93,62 Euro

   Um den EUSt-Wert zu ermitteln, benötigen wir den Wert der Ware am ersten inländischen Bestimmungsort.

   Wir rechnen:
   Zollwert: 3.467,50 Euro
   + Zollabgabe: 93,62 Euro
   + Luftfrachtkosten innerhalb der EU (35 %): 332,50 Euro
   = 3.893,62 Euro

   EUSt-Wert: 3.893,62 Euro
   Davon 19 % ergibt die EUSt: 739,79 Euro

   Die Einfuhrabgaben setzen sich zusammen aus der Zollabgabe in Höhe von 93,62 Euro und der EUSt in Höhe von 739,79 Euro und ergeben zusammen: 833,41 Euro

11. Aufgabe – Zollwert-Berechnung in der Seefracht

aa) EXW Pittsburgh, USA: 15.000 Euro
+ Vorlauf zum Abgangshafen New York: 525 Euro
+ Seefracht New York – Belgien (Antwerpen): 1.750 Euro
+ Transportversicherung: 140,25 Euro (Berechnung siehe unten)
= 17.415,25 Euro (Zollwert)

Berechnung der Transportversicherung:
110 % des Rechnungswertes: 15.000 Euro + 1.500 Euro (10 % von 15.000 Euro) = 16.500 Euro
Die Prämie beträgt 8,5 Promille vom 110%igen Rechnungswert

16.500 : 1.000 x 8,5 = 140,25 Euro

ab) FOB New York, USA: 15.000 Euro
+ Seefracht New York – Belgien (Antwerpen): 1.750 Euro
+ Transportversicherung: 140,25 Euro (Berechnung siehe unten)
= 16.890,25 (Zollwert)

Berechnung der Transportversicherung:
110 % des Rechnungswertes: 15.000 Euro + 1.500 Euro (10 % von 15.000 Euro) = 16.500 Euro
Die Prämie beträgt 8,5 Promille vom 110%igen Rechnungswert

16.500 : 1.000 x 8,5 = 140,25 Euro

ac) CFR Antwerpen, Belgien: 15.000 Euro
+ Transportversicherung: 140,25 Euro (Berechnung siehe unten)
= 15.140,25 (Zollwert)

Berechnung der Transportversicherung:
110 % des Rechnungswertes: 15.000 Euro + 1.500 Euro (10 % von 15.000 Euro) = 16.500 Euro
Die Prämie beträgt 8,5 Promille vom 110%igen Rechnungswert

16.500 : 1.000 x 8,5 = 140,25 Euro

ad) CIF Antwerpen, Belgien: 15.000 Euro = **Zollwert: 15.000 Euro**

ae) DAP Aachen: 15.000 Euro
- Nachlauf: Antwerpen zum Lager des Kunden nach Aachen: 350 Euro
+ Transportversicherung: 140,25 Euro (Berechnung siehe unten)
= 14.790,25 (Zollwert)

Berechnung der Transportversicherung:
110 % des Rechnungswertes: 15.000 Euro + 1.500 Euro (10 % von 15.000 Euro) = 16.500 Euro
Die Prämie beträgt 8,5 Promille vom 110%igen Rechnungswert

16.500 : 1.000 x 8,5 = 140,25 Euro

b) Zollwert: 14.790,25 Euro
Berechnung der Zollabgabe: 2,8 % von 14.790,25 Euro = 414,13 Euro

Berechnung des EUSt-Werts:
Zollwert: 14.790,25 Euro
+ Zollabgabe: 414,13 Euro
+ Nachlauf: Antwerpen zum Lager des Kunden nach Aachen: 350 Euro
= 15.554,38 Euro

EUSt-Wert: 15.554,38 Euro

12. Aufgabe – Seefracht: Einfuhrabgaben FOB und DAP – Vergleich

FOB Valparaiso:

115.000 USD (Rechnungspreis)
+ 7.500 USD (Seefracht)
+ 625 USD (Transportversicherung)
= 123.125,00 USD
123.125,00 USD / 1,31 USD = **93.988,55 Euro (Zollwert)**

Zoll: 93.988,55 Euro / 100 x 4,2 = **3.947,52 Euro**

Zollwert: 93.988,55 Euro (Zollwert)
+ Zoll: 3.947,52 Euro
+ Nachlauf: 860 Euro
= 98.796,07 Euro (EUSt-Wert)

EUSt: 98.796,07 Euro / 100 x 19 = **18.771,25 Euro**

Einfuhrabgaben: Zoll + EUSt: 3.947,52 Euro + 18.771,25 Euro = **22.718,77 Euro**

DAP Aachen:

115.000 USD / 1,31 USD = 87.786,26 Euro
- Nachlauf: 860 Euro
+ Transportversicherung: 625 USD = 477,10 Euro
= 87.403,36 Euro (Zollwert)

Zoll: 87.403,36 (Zollwert) / 100 x 4,2 = **3.670,94 Euro**

EUSt-Wert
Zollwert: 87.403,36 Euro
+ Zoll: 3.670,94 Euro
+ Nachlauf: 860 Euro
= 91.934,30 Euro (EUSt-Wert)

EUSt: 91.934,30 Euro / 100 x 19 = 17.467,52 Euro

Einfuhrabgaben: Zoll + EUSt: 3.670,94 Euro + 17.467,52 Euro = **21.138,46 Euro**

13. Aufgabe – Einfuhrabgaben berechnen in der Seefracht und in der Luftfracht – direkter Vergleich

aa) 15.450 Euro (Rechnungspreis)
+ 844,30 Euro (Seefracht)
= 16.294,30 (Zollwert)

ab) 16.294,30 / 100 x 12,5 = **2.036,79 Euro (Zoll)**

ac) 16.294,30 (Zollwert)
+ 2.036,79 Euro (Zoll)
+ 124,20 Euro (Nachlauf)
= 18.455,29 Euro (EUSt-Wert)

ad) 18.455,29 Euro / 100 x 19 = **3.506,50 Euro (EUSt)**

ba) 15.450 Euro (Rechnungspreis)
+ 941,10 Euro (75 % der Luftfracht)
= 16.391,10 Euro (Zollwert)

bb) 16.391,10 Euro (Zollwert) / 100 x 12,5 = **2.048,89 Euro (Zoll)**

bc) 16.391,10 Euro (Zollwert)
+ 2.048,89 Euro (Zoll)
+ 313,70 Euro (25 % der Luftfracht)
= 18.753,90 Euro (EUSt-Wert)

bd) 18.753,90 Euro / 100 x 19 = **3.563,20 (EUSt)**

14. Aufgabe – Zollunion und Freihandelszone

a) Irland: Dublin
Schweden: Stockholm
Finnland: Helsinki
Dänemark: Kopenhagen
Estland: Tallinn
Lettland: Riga
Litauen: Vilnius
Niederlande: Amsterdam
Deutschland: Berlin
Polen: Warschau
Belgien: Brüssel
Luxemburg: Luxemburg
Tschechien: Prag
Slowakei: Bratislava
Frankreich: Paris
Österreich: Wien
Ungarn: Budapest
Rumänien: Bukarest
Portugal: Lissabon
Spanien: Madrid
Bulgarien: Sofia
Slowenien: Ljubljana
Kroatien: Zagreb
Griechenland: Athen
Italien: Rom
Malta: Valetta
Zypern: Nikosia
Andorra: Andorra la Vella
Monaco: Monaco
San Marino: San Marino
Türkei: Ankara

b) Sowohl bei einer Zollunion als auch bei einer Freihandelszone werden zwischen den Mitgliedsstaaten keine Zollabgaben erhoben. Alle Waren können somit zwischen den Ländern frei verkehren. Das Besondere an einer Zollunion ist, dass man sich auf einen einheitlichen Zolltarif geeinigt hat und gemeinsame Außenzölle gegenüber Drittländern bestehen. Es spielt demnach keine Rolle, in welches Land der Europäischen Zollunion eine Ware eingeführt wird: es wird der gleiche Zollsatz verlangt.

Eine Freihandelszone profitiert zwar auch davon, dass zwischen den Ländern keine Zollabgaben erhoben wurden, jedoch behält sich jedes Land das Recht eines eigenständigen Zolltarifs vor.

Ein Beispiel für eine Freihandelszone ist die „European Free Trade Association" – die EFTA-Staaten. Zu diesen gehören: Norwegen, Island, Liechtenstein und Schweiz.

Eselsbrücke: Die Länder der EFTA-Staaten kann man sich gut mit dem Vornamen „NILS" merken, bei dem jeder Buchstaben für den Anfangsbuchstaben eines Mitgliedsstaats der EFTA-Staaten steht.

15. Aufgabe – Wichtige Begriffe aus dem Zollwesen

UZK:
UZK steht für „Unionszollkodex". Es handelt sich hierbei um die rechtlichen Vorschriften für Zollangelegenheiten innerhalb der Europäischen Union

Unionsware:
Es handelt sich hierbei um Waren, die im Zollgebiet der EU gewonnen bzw. hergestellt wurden oder die vorher Nicht-Unionswaren waren, in die EU eingeführt und dort zum zollrechtlich freien Verkehr überlassen (also: verzollt) wurden.

Nicht-Unionsware:
Es handelt sich hierbei um Waren, die aus einem Drittland (nicht-EU-Land) stammen.

Zollunion:
Die Europäische Zollunion besteht aus allen 27 EU-Staaten, Andorra, Türkei, Monaco und San Marino. Innerhalb einer Zollunion herrscht freier Warenverkehr – Zollabgaben und andere Handelshemmnisse wurden abgeschafft. Die Zollunion zeichnet sich zudem durch einen gemeinsamen Außenzolltarif gegenüber Drittländern aus.

Freihandelszone:
Eine der bekanntesten Freihandelszone ist die „European Free Trade Association" (Europäische Freihandelszone, EFTA). Sie besteht aus den Mitgliedsstaaten: Norwegen, Island, Liechtenstein und Schweiz. Genau wie bei einer Zollunion auch, sind Zölle und andere Handelshemmnisse zwischen den Mitgliedsstaaten abgebaut: es herrscht freier Warenverkehr. Allerdings erhält jedes Land einen autonomen Außenzolltarif gegenüber anderen Ländern aufrecht. Man hat sich nicht auf einen gemeinsamen Außenzolltarif geeinigt.

Ausfuhrzollstelle:
Zollstelle, in deren Bezirk der Ausführer seinen Sitz hat oder in deren Bezirk der Verlade- oder Verpackungsort der Ware liegt und bei der damit die Beförderung der Ware zur Ausfuhr beginnt

Ausgangszollstelle:
Zollstelle an der EU-Grenze (also: letzte Zollstelle vor dem Ausgang (dem Export) der Waren aus dem Zollgebiet der Gemeinschaft in ein Drittland)

Arten des Ausfuhrverfahrens:
Je nach Warenwert der auszuführenden Sendung werden verschiedene Ausfuhrarten unterschieden:

Bis 1.000 Euro Warenwert: 1-stufiges Verfahren. Hier kann die Sendung mündlich (unter Vorlage der Handelsrechnung) direkt bei der Ausgangszollstelle angemeldet werden

Warenwert über 1.000 Euro bis 3.000 Euro: 1-stufiges Verfahren. Auch hier kann die Ausfuhr direkt bei der Ausgangszollstelle angemeldet werden; dies hat jedoch elektronisch über ATLAS zu erfolgen.

Warenwert über 3.000 Euro: 2-stufiges Verfahren. Die Ausfuhr muss zuerst bei der Ausfuhr- und danach bei der Ausgangszollstelle elektronisch über ATLAS angemeldet werden.

Überlassung zum zollrechtlich freien Verkehr:
Es handelt sich hierbei um ein Zollverfahren nach UZK, bei dem Nicht-Unionsware aus einem Drittland in die EU eingeführt und dort durch Verzollung (Zahlung von Einfuhrabgaben) den Status von Unionsware erhält. Die Unionsware darf nun am freien Warenverkehr teilnehmen.

Lösungen

Passive Veredlung:
Es handelt sich hierbei um ein Zollverfahren nach UZK, bei dem Unionsware in ein Drittland gebracht und dort veredelt wird. Unter Veredlung ist zu verstehen, dass das Produkt so verarbeitet/verbessert wird, dass es einen Mehrwert erhält. Nach Beendigung der Veredlung wird die Ware zurück in die EU befördert.

Aktive Veredlung:
Es handelt sich hierbei um ein Zollverfahren nach UZK, bei dem Nicht-Unionsware aus einem Drittland in die EU gebracht und dort veredelt wird. Unter Veredlung ist zu verstehen, dass das Produkt so verarbeitet/verbessert wird, dass es einen Mehrwert erhält. Nach Beendigung der Veredlung wird die Ware zurück in das Drittland befördert.

Unionsversandverfahren T1:
Es handelt sich hierbei um ein Zollversandverfahren nach UZK. Es wird angewendet, um eine Zollabfertigung von der EU-Außengrenze ins Binnenland zu verlagern und somit Wartezeiten an den Grenzen zu vermeiden. Das Unionsversandverfahren wird angewendet für einen Versand innerhalb der EU (Start und Ende in einem EU-Staat). Man wählt das T1-Verfahren, wenn dabei Nicht-Unionsware befördert wird.

Beispiel: Nicht-Unionsware kommt aus Asien per Seefracht im Hamburger Hafen an. Die Verzollung soll aber nicht am Hafen Hamburg, sondern erst beim Empfänger in Aachen erfolgen. Für den Versand der Ware von Hamburg nach Aachen muss das Unionsversandverfahren T1 eröffnet werden.

Unionsversandverfahren T2:
Es handelt sich hierbei um ein Zollversandverfahren nach UZK. Es wird angewendet, um Unionsware (T2) innerhalb der EU, aber über ein Drittland zu befördern. Das Versandverfahren ermöglicht einen Transit durch das Drittland, ohne eine Zollabfertigung vornehmen zu müssen.

Beispiel: Unionsware soll von Deutschland über die Schweiz nach Italien transportiert werden. Um die Schweiz zu passieren, wird das Unionsversandverfahren T2 eröffnet. Der Schweizer Zoll weiß somit, dass es sich nur um eine Transitsendung handelt und eine Zollabfertigung nicht erfolgen muss.

Gemeinsames Versandverfahren T1:
Es handelt sich hierbei um ein Zollversandverfahren nach UZK. Es wird angewendet, um eine Zollabfertigung von der EU-Außengrenze ins Binnenland zu verlagern und somit Wartezeiten an den Grenzen zu vermeiden. Das gemeinsame Versandverfahren wird angewendet für einen Versand zwischen der EU, den EFTA-Staaten (Norwegen, Island, Liechtenstein, Schweiz), Groß-Britannien, Serbien, Nordmazedonien, der Türkei, der Ukraine und Georgien. Man wählt das T1-Verfahren, wenn dabei Nicht-Unionsware befördert wird.

Beispiel: Nicht-Unionsware wird aus der Schweiz nach Deutschland transportiert. Um die Verzollung nicht an der Grenze, sondern im Inland vornehmen zu können, wird das Gemeinsame Versandverfahren T1 eröffnet.

Gemeinsames Versandverfahren T2:
Es handelt sich hierbei um ein Zollversandverfahren nach UZK. Es wird angewendet, um eine Zollabfertigung von der EU-Außengrenze ins Binnenland zu verlagern und somit Wartezeiten an den Grenzen zu vermeiden. Das Gemeinsame Versandverfahren wird angewendet für einen Versand zwischen der EU, den EFTA-Staaten (Norwegen, Island, Liechtenstein, Schweiz), Groß-Britannien, Serbien, Nordmazedonien, der Türkei, der Ukraine und Georgien. Man wählt das T2-Verfahren, wenn dabei Unionsware befördert wird.

Beispiel: Unionsware wird aus Deutschland in die Schweiz transportiert. Um die Verzollung nicht an der Grenze, sondern im Inland vornehmen zu können, wird das Gemeinsame Versandverfahren T2 eröffnet.

Carnet-TIR:
Es handelt sich hierbei um ein Zollversandverfahren, das angewendet wird, wenn das Unionsversandverfahren und das Gemeinsame Versandverfahren nicht eingesetzt werden können. Dies ist der Fall, wenn ein Versand weder innerhalb der EU, noch zwischen der EU und EFTA, Groß-Britannien, Serbien, Nordmazedonien, der Türkei oder der Ukraine stattfinden soll. Das Carnet-TIR wird beim BGL (Bundesverband Güterkraftverkehr Logistik und Entsorgung e. V.) beantragt.

Beispiel: Unionsware wird aus Deutschland nach Belarus befördert. Die Verzollung soll nicht an der Grenze, sondern erst im Inland erfolgen. Das Unionsversandverfahren und das Gemeinsame Versandverfahren finden keine Anwendung. Es kommt das Carnet-TIR zum Einsatz.

Carnet-ATA:
Es handelt sich hierbei um ein Zollversandverfahren, das angewendet wird, wenn eine Ware nur vorübergehend in ein Drittland ausgeführt oder aus einem Drittland in die EU eingeführt werden soll. Dies ist der Fall, wenn Ausstellungsstücke auf Messen präsentiert werden oder für einen bestimmten Zeitraum Berufsausrüstung benötigt wird. Die Ware muss nach dem Einsatz unverändert zurückbefördert werden. Zollabgaben fallen nicht an. Das Carnet-ATA wird bei der IHK beantragt.

Beispiel: Unionsware aus Deutschland soll für 4 Wochen auf einer Messe in der Schweiz ausgestellt werden. Das Carnet-ATA wird eröffnet, um die Zahlung von Zollabgaben zu vermeiden, da die Waren nach der Ausstellung unverändert nach Deutschland zurückbefördert werden.

MRN:
MRN steht für Master-Reference-Number. Es handelt sich hierbei um eine Hauptbezugsnummer bzw. eine Identifikationsnummer eines Zollverfahrens. Jedes Zollverfahren, das beim Zoll angemeldet wird, erhält eine MRN, um es eindeutig identifizieren zu können.

Nämlichkeitssicherung:
Jedes Zollversandverfahren (Unionsversandverfahren T1/T2, Gemeinsames Versandverfahren T1/T2, Carnet-TIR, Carnet-ATA) erfordert eine Nämlichkeitssicherung. Durch sie wird sichergestellt, dass die Ware, die die Abgangszollstelle verlassen hat auch unverändert an der Bestimmungszollstelle ankommt.

Die Nämlichkeit kann durch eine Zollblombe, eine genaue Warenbeschreibung, Fotos der Ware oder durch zollamtliche Begleitung gesichert werden.

Zollwert:
Der Zollwert bildet die Grundlage für die Berechnung der Zollabgabe beim Zollverfahren „Überlassung in den zollrechtlich freien Verkehr". Es handelt sich hierbei um den Wert der Ware an der ersten EU-Grenze. Als Incoterm ausgedrückt handelt es sich um den Wert der Ware „CIF EU-Grenze".

Zollsatz:
Der Zollsatz ist eine Prozentzahl, die vom Zollwert berechnet wird, um die zu zahlende Zollabgabe bei einer Einfuhr zu ermitteln. Die Höhe des Zollwerts hängt von verschiedenen Faktoren ab (zum Beispiel: Art und Herkunft der Ware) und ist aus dem Elektronischen Zolltarif (EZT) zu entnehmen.

EUSt-Wert:
Der Zollwert bildet die Grundlage für die Berechnung der Einfuhrumsatzsteuer beim Zollverfahren „Überlassung in den zollrechtlich freien Verkehr". Es handelt sich hierbei um den Wert der Ware am ersten inländischen Bestimmungsort.

Lösungen

EUSt:
EUSt steht für „Einfuhrumsatzsteuer". Sie stellt eine Einfuhrabgabe dar, die beim Zollverfahren „Überlassung in den zollrechtlich freien Verkehr" zu zahlen ist. Die EUSt soll dafür sorgen, dass Einkäufe in einem Drittland dem gleichen Steuersatz unterworfen werden wie Einkäufe im eigenen Land. Der EUSt-Satz in Deutschland beträgt 19 bzw. 7 %. Basis für die Berechnung der EUSt bildet der EUSt-Wert.

Einfuhrabgaben:
Einfuhrabgaben werden bei einer Einfuhr bzw. bei der Überlassung einer Nicht-Unionsware in den zollrechtlich freien Verkehr erhoben. Es handelt sich hierbei um die Summe aus der Zollabgabe, der EUSt (Einfuhrumsatzsteuer) und eventuellen Verbrauchsteuern (zum Beispiel auf Kaffee, Alkohol und Tabak). Die Einfuhrabgaben sind innerhalb von 10 Tagen nach Ausstellung des Steuerbescheids zu zahlen. Eine Teilnahme an einem Aufschubverfahren ist möglich: hierbei wird die Zahlung der Einfuhrabgaben auf den 16. des Folgemonats aufgeschoben.

Ausgangsvermerk:
Das Ausfuhrverfahren endet mit Versand des Ausgangsvermerk. Der Ausführer erhält den Ausgangsvermerk in elektronischer Form (als PDF) von der Ausfuhrzollstelle zugesandt. Der Ausgangsvermerk bestätigt die tatsächliche Ausfuhr der Ware und dient bei Vorlage beim Finanzamt dem Ausführer als Beweis, dass er für diesen Verkauf keine Umsatzsteuer zahlen muss.

EORI-Nummer:
EORI steht für Economic Operator's Registration and Identification Number. Unter dieser Nummer wird ein Wirtschaftsunternehmen beim Zoll erfasst. Man kann die EORI-Nummer auch als „Kundennummer" eines Unternehmens bei der Zollbehörde bezeichnen. Unter dieser Nummer kann der Zoll alle Vorgänge und Informationen des Unternehmens identifizieren.

ATLAS:
ATLAS steht für Automatisiertes Tarif- und lokales Zollabwicklungssystem. Es handelt sich hierbei um eine Software, mit der eine Kommunikation mit dem Zoll möglich ist. Per ATLAS können Zollverfahren elektronisch/digital eröffnet und beendet werden.

Vertretungsregeln:
Ein Wirtschaftsunternehmen, das ein Zollverfahren eröffnen möchte, kann dies entweder selbst, also in eigenem Namen, tun oder sich vor dem Zoll (zum Beispiel durch einen Spediteur) vertreten lassen. Unterschieden werden die direkte und die indirekte Vertretung.

Direkte Vertretung: der Spediteur handelt im Namen und für Rechnung seines Auftraggebers. Der Spediteur erledigt lediglich als Vertreter die Formalitäten im Auftrag seines Kunden.

Indirekte Vertretung: der Spediteur handelt im eigenen Namen, aber für Rechnung seines Auftraggebers. Neben dem Vertretenden wird die Spedition somit zum Abgabenschuldner und trägt somit ein Risiko.

Dual-Use-Güter:
Es handelt sich hierbei um Güter mit einem doppelten (dualen) Verwendungszweck. Sie können einerseits zivil, anderseits aber auch militärisch eingesetzt werden. Ein Beispiel hierfür wären Lippenstifthülsen, die einerseits zivil für Kosmetikzwecke und anderseits militärisch für den Bau von Patronen verwendet werden können. Bei der Ein- und Ausfuhr dieser Güter ist eine verschärfte Kontrolle geboten.

16. Aufgabe – Zollverfahren II

a) Es ist das **Zolllagerverfahren** anzuwenden, weil in diesem Fall Nicht-Unionsware unverzollt gelagert und ohne Veränderung in ein Drittland befördert werden soll.

b) Nicht-Unionsware wird in die EU eingeführt, dort veredelt und anschließend zurück in die USA (Drittland) befördert. Es handelt sich hierbei um die **aktive Veredlung**.

c) Nicht-Unionsware kommt im Hamburger Hafen an, soll aber erst in Frankfurt am Main verzollt werden. Für den Transport von Hamburg nach Frankfurt am Main muss das **Unionsversandverfahren T1** eröffnet werden, da Nicht-Unionsware innerhalb der EU befördert werden soll. Nach Ankunft in Frankfurt am Main kommt das Zollverfahren **Überlassung in den zollrechtlich freien Verkehr** zum Einsatz.

d) Unionsware soll innerhalb der EU, aber über die Schweiz transportiert werden. Hier muss das **Unionsversandverfahren T2** eröffnet werden.

Notizen

Notizen